Es algo emocionante
caminar entre una multitud eufórica.
El proceso más milagroso es ver cómo
una canción pasa de ser una pequeña
idea en medio de la noche a algo
que 55 000 personas te cantan".

Taylor Swift

EDICIONES OBELISCO

ÍNDICE

INTRODUCCIÓN

La cantautora y actriz estadounidense Taylor Alison Swift nació el 13 de diciembre de 1989 en Pine Ridge Farm, un vivero de árboles de Navidad de 11 hectáreas en Reading, Pensilvania. Muchas de sus canciones, entre ellas «Christmas Tree Farm» y «Seven», esta última incluida en el álbum *Folklore*, ganador de un Grammy, tratan sobre la infancia que pasó allí con su madre, Andrea, ama de casa; su padre, Scott, asesor financiero, y su hermano pequeño Austin, antes de mudarse a una casa de estilo colonial en Wyomissing, Pensilvania. Nieta de la cantante de ópera Marjorie Finlay, Taylor mostró una gran pasión por la música desde muy pequeña: a los seis años escuchaba viejos discos de Patsy Cline y Dolly Parton y leía poesía, a los diez se unió a la compañía de teatro infantil de Kirk Cremer, Theatre Kids Live, a los doce ya tocaba la guitarra y escribió su primera canción, «Lucky You», y a los catorce participó en concursos y audiciones locales para descubrir nuevos talentos.

Para apoyar a su hija en su pasión por la música y su deseo de estudiarla, la familia se trasladó a Tennessee, Nashville, la capital de la música *country*, donde Taylor tomó clases de canto y trabajó con la productora Sony/ATV Tree, luego RCA Records. Finalmente firmó su primer contrato con Big Machine Records, de Scott Borchetta (con quien permaneció hasta 2018, cuando pasó a Republic Records). En esta discográfica lanzó su primer sencillo, seguido de un álbum debut, que vendió más de 5,5 millones de copias y permaneció más de 273 semanas en las listas estadounidenses.

Es agosto de 2006, Taylor tiene diecisiete años, y una carrera prodigiosa y deslumbrante está a punto de comenzar. La cantante irá publicando álbum tras álbum, acumulando discos y premios, ganándose el corazón de millones de *swifties*, que es como se apoda a sus fanes, gracias a su extraordinario talento para contar historias conmovedoras, a menudo autobiográficas, pero tan universales que todo el mundo puede identificarse con sus historias de amor, pérdida y evolución. Muchos de sus fracasos amorosos han inspirado estos exitosos álbumes, y aunque la cantante siempre ha intentado mantener cierta reserva sobre su vida privada, no ha sido difícil para los fanes entrever través de letras de canciones que éstas se refieren claramente a exnovios: desde Matty Healy, líder de la banda inglesa de rock The 1975, al actor británico Joe Alwyn; al cantante Harry Styles, al actor Jake Gyllenhaal, y no podemos olvidar el piloto de Fórmula 1 Fernando Alonso.

Con unas ventas que superan los 1000 millones de dólares, lo que, según el ranking de milmillonarios de *Forbes* 2024, la convierte en una de las personalidades más ricas del mundo, con millones de *Swifties* que la adoran, un título honorífico en Bellas Artes otorgado por la Universidad de Nueva York en reconocimiento a su carrera artística, y un novio, Travis Kelce, tres veces campeón de la Super Bowl con los Kansas City Chiefs, Taylor Swift es ahora un fenómeno artístico y cultural sin precedentes. A sus treinta y cuatro años, es capaz de influir en la moda tanto como en la política y convertir en oro todo lo que toca.

El efecto Swift –o *Swiftonomics*, como se ha bautizado recientemente– es tan poderoso e interesante que será objeto de un curso en Harvard como nueva forma de emprendimiento. Porque allá donde va Taylor Swift, la economía prospera. Sus conciertos no son sólo eventos musicales, sino auténticos fenómenos económicos, con fanes dispuestos a desembolsar más de 1000 dólares entre viaje, hotel, artilugios y ropa. Su presencia en uno de los partidos de su novio generó más beneficios que la Super Bowl de 2024. Y cuando la cantante llamó a sus fanes a registrarse para votar en las elecciones presidenciales, miles acudieron a votar. Según el gobernador de Illinois, tres noches de conciertos en Chicago bastaron para impulsar la industria turística de la ciudad. Así que es fácil ver por qué los analistas estadounidenses están empezando a considerar no como una hipótesis, sino como una certeza, que las próximas elecciones presidenciales podrían verse influenciadas por una sola palabra de la cantante, y por sus 280 millones de seguidores.

De joven cantante *country* a reina del pop, con algunos desvíos hacia diferentes géneros musicales como la electrónica y el *synth* pop, el estilo de Taylor Swift ha experimentado una notable evolución. Ha demostrado desde el principio una formidable capacidad para reinventarse, para innovar musicalmente, siempre manteniendo una profunda conexión con sus fanes, al mismo tiempo que recibía una acogida bastante favorable por parte de la crítica.

La carrera de Taylor arrancó en 2006 con el sencillo «Tim McGraw», un homenaje al cantante de *country*, actor y productor discográfico estadounidense, que vendió casi 40000 copias en su primera semana de lanzamiento y que más tarde será añadido en el álbum debut de Taylor Swift. El álbum combina instrumentos típicos del *country*, como la guitarra acústica, el banjo y el violín, con letras de historias sentidas y personales. Apenas unos meses después, Swift fue elegida Compositora y Artista del Año por la Nashville Songwriters Association, convirtiéndose en la artista más joven en recibir este galardón. Éste fue sólo el primero de una larga serie de récords que Taylor conquistará a lo largo de su carrera.

Su tercer sencillo, «Our Song», se publicó poco después y se mantuvo en el primer puesto de las listas de música *country* durante seis semanas. Ya con su segundo álbum, *Fearless,* publicado apenas un año después, el estilo musical de la cantante empezó a evolucionar e incorporar elementos pop, haciéndose más accesible al gran público. Canciones como «Love Story» y «You Belong with Me» no sólo dominan las listas de éxitos, sino los corazones de los adolescentes de todo el mundo porque captan la esencia de las experiencias de los jóvenes, sus historias de amor y reflexiones más profundas sobre la vida y las relaciones en general. Este álbum le consiguió a Taylor su primer Grammy al Álbum del Año, convirtiendo a la cantante en la artista más joven de la historia en ganar un Grammy. Pero ése no fue el único récord para el álbum. *Fearless* es el primer álbum de una artista femenina de la historia de la música *country* que se mantuvo en el número uno por once semanas en las listas *Billboard* 200; y al final del año, se convirtió en el álbum más venido de Estados Unidos, con 3,2 millones de copias.

En enero de 2010, «Today was a Fairytale» se publicó en iTunes. Fue una de las canciones la banda sonora de la película *Valentine's Day*, y estableció un nuevo récord: superar el mayor número de descargas durante la primera semana por una artista femenina. Ese mismo año vio la luz su tercer álbum, *Speak Now,* y, para sorpresa de nadie, las cifras no tienen precedentes: el álbum fue descargado más de un millón de veces solamente en la primera semana, marcando un importante paso en la evolución personal de la cantante y compositora, quien ya estaba escribiendo todas sus canciones.

El 23 de mayo de 2011, Taylor ganó las categorías Mejor Álbum de Country, Mejor Artista de Country y Mejor Artista Billboard 200 de los Billboard Music Awards. Unas semanas después, la revista *Rolling Stone* la incluyó en su lista de Reinas del Pop, las dieciséis cantantes femeninas más populares de todos los tiempos. En noviembre, publicó su primer álbum en directo*, World Tour Live: Speak Now,* y empezó a trabajar en el cuarto, *Red,* con tonos cada vez más pop, gracias sobre todo a la colaboración con Dan Wilson, Butch Walker y el productor de Britney Spears, Max Martin.

Con esas expectativas, «We are Never Getting Back Together», el primer single de *Red,* fue publicado. El álbum salió en 2012 y vendió más de un millón de copias en su primera semana, y para finales de ese año ya había logrado ser cuatro veces certificado como disco de platino en Estados Unidos. Mientras tanto, Taylor colaboró con Civil Wars, con quienes escribió «Safe & Sound», para la banda sonora de la película *Los Juegos del hambre*.

Inspirado en el año de nacimiento de la artista, el álbum *1989,* publicado en octubre de 2014, marca el paso definitivo de la cantante al género pop, caracterizado por su uso masivo de sintetizadores, cajas de ritmos y *sampling*. Ese mismo año el single *'Shake It Off'* fue nominado a los premios Grammy en las categorías Canción del Año y Grabación del Año. La gira mundial que siguió en 2015 recorrió Asia, Norteamérica y Europa. Un viaje triunfal que culminó con tres premios Grammy en 2016: Álbum del Año, Mejor Álbum Pop y Mejor Vídeo Musical por «Bad Blood». El año anterior, tras ganar el Billboard Music Award a la Mujer del Año, Swift también había ganado el BRIT Award a la Artista Solista Femenina Internacional.

Su sexto álbum, *Reputation* –que vendió un millón de copias en sólo cuatro días– profundiza más en el pop electrónico y el pop urbano, con un sonido más oscuro y agresivo, reflejando temas relacionados con sus actitudes conflictivas hacia los dramas personales y con celebridades.

En 2019, Taylor Swift fue nominada en los American Music Awards en la categoría de Artista de la Década y ganó como Mejor Artista del Año. Su popularidad e influencia también fueron reconocidas por *Billboard* que le atribuyó el título de Mujer de la Década. Publicado el mismo año, su séptimo álbum, *Lover*, fue nominado a los premios Grammy en la categoría de Mejor Álbum Vocal Pop. La canción que da título al álbum fue escrita íntegramente por Taylor Swift. En 2020, la cantante volvió a sorprender a sus fanes con el lanzamiento de un nuevo álbum, *Folklore,* escrito en la cuarentena durante la pandemia de Covid-19: contiene 16 nuevos temas, con un tema extra, «The Lakes», incluido en la versión Deluxe. Aclamado por la crítica, el álbum vendió más de 2 millones de copias en su primera semana, y será el séptimo álbum de la cantante en encabezar la lista *Billboard* 200. Con un total de 97,87 millones de reproducciones, Taylor Swift fue la estrella del pop más escuchada de 2020 en un sólo día (un récord que ella misma batirá en 2024 con su nuevo álbum *The Tortured Poets Department).*

Con *Folklore* y *Evermore,* su estilo musical evolucionó hacia un sonido más experimental y contemplativo. Estos últimos álbumes, inspirados por el *indie folk,* la folktrónica y el *soft rock,* presentan arreglos minimalistas, atmósferas etéreas, y un fuerte énfasis en la narrativa, con colaboraciones con artistas de la talla de Bon Iver, y la producción ligera de Aaron Dessner de The National.

En 2021, la cantante volvió al *country* puro con *Fearless (Taylor's Version)*, que acumuló 50 millones de escuchas el mismo día de su relanzamiento. El álbum es una versión regrabada de su segundo disco, publicado en 2009, e inmediatamente se disparó a lo más alto de las listas de todo el mundo, desde el Reino Unido hasta Nueva Zelanda. Y otros álbumes le seguirán. ¿Cuál es el objetivo de estas regrabaciones? Recuperar los derechos de sus canciones, quitándoselos a Scooter Braun, quien compró Big Machine Record, su antigua discográfica, y su catálogo.

Una gigantesca operación comercial en la que ningún artista había pensado antes. Símbolo de la lucha contra el dominio del control excesivo de las productoras. Cada reedición cuenta con canciones extra que Taylor extrae de su riquísimo archivo de canciones antiguas.

El álbum *Midnights* de 2022 supuso una vuelta a un sonido pop más limpio, pero con una producción que incorporaba elementos de *chillwave* y *synth* pop, reflejando una madurez en la narrativa y la música. Con este disco, coronado en 2024 con el Grammy al Mejor Álbum del Año, Swift se convirtió en la primera artista en ganar cuatro premios en esta categoría. *Midnights* cuenta la historia de 13 noches sin dormir, una por cada canción. Pocas horas después de su lanzamiento, la cantante anunció el lanzamiento de la versión Deluxe, con siete canciones inéditas más. Según la revista *Forbes,* con unas ventas estimadas de 92 millones de dólares, Taylor Swift es la artista femenina mejor pagada del mundo por tercer año consecutivo, y la única mujer entre los diez artistas con mayores ingresos de la industria musical por segundo año consecutivo.

El 17 de marzo de 2023, The Eras Tour arrancó en Glendale, California. Esta sexta gira incluye 151 conciertos en todo el mundo, con 42 países y con 4,3 millones de entradas venidas sólo en América en 2023. Con unos ingresos de más de 1500 millones de dólares hasta la fecha, la gira, que concluirá en diciembre de 2024, ha batido todos los récords y ha llevado a la Reserva Federal a definir a Taylor Swift como la fuerza que impulsa el crecimiento económico de Estados Unidos.

En mayo de 2023, durante una visita a Nashville, Swift anunció la regrabación de su tercer álbum: *Speak Now (Taylor's Version),* publicado el 7 de julio de 2023, contenía 22 temas, incluidos 6 inéditos. El 27 de octubre fue el turno de *1989 (Taylor's Version),* que se convirtió en el álbum más vendido de la cantante en Estados Unidos en su primera semana. Hacía ocho años, desde el *25* de la estrella inglesa Adele, que un disco no vendía tanto en la primera semana de su lanzamiento. El álbum se coloca en el primer puesto de las listas de todo el planeta y, gracias a sus actuaciones en *streaming* el día de su lanzamiento, Taylor Swift se convierte, una vez más, en la artista más seguida en un solo día en la historia de Spotify.

Pero su imparable éxito mundial no se detuvo ahí: en la primera semana de diciembre de 2023, se convirtió en la primera artista viva en tener cinco álbumes en el Top Ten estadounidense, una hazaña que, antes que ella, sólo Prince había logrado cumplir en los días siguientes de su muerte.

El 6 de diciembre de 2023 se produjo otro momento cumbre: la revista *Time* dedicó su portada a la artista, nombrándola Persona del año, un título que suele concederse a líderes políticos o magnates empresariales, y que anteriormente se había concedido a 14 presidentes estadounidenses, 5 líderes rusos y 3 papas. Durante los Grammy del 2024, Taylor aprovechó la ocasión para anunciar en el escenario del Crypto.com Arena de Los Ángeles el lanzamiento de su undécimo álbum, *The Tortured Poets Department: The Anthology,* producido y coescrito con Jack Antonoff y Aaron Dessner, y publicado el 19 de abril de 2024. Un álbum doble con 31 canciones que fue el primero de la historia de Spotify en alcanzar más de 1000 millones de reproducciones en una sola semana.

DISCOGRAFÍA ESENCIAL

ÁLBUMES DE ESTUDIO

Taylor Swift (2006)
Fearless (2008)
Speak Now (2010)
Red (2012)
1989 (2014)
Reputation (2017)
Lover (2019)
Folklore (2020)
Evermore (2020)
Midnights (2022)
The Tortured Poets Department (2024)

ÁLBUMES REGRABADOS

Tras una disputa legal con su primera discográfica por la propiedad de sus grabaciones originales, Taylor Swift decidió regrabar sus primeros álbumes.

Fearless (Taylor's Version) (2021)
Red (Taylor's Version) (2021)
Speak Now (Taylor's Version) (2023)
1989 (Taylor's Version) (2023)

ÁLBUMES EN VIVO

Speak Now World Tour-Live (2011)
Live from Clear Channel Stripped 2008 (2020), sólo para distribución digital
Lover (Live from Paris) (2020)
Folklore: The Long Pond Studio Sessions (2020)

EP

Napster Live (2006), sólo para distribución digital
The Taylor Swift Holiday Collection (2007)
Rhapsody Originals (2007), sólo para distribución digital
iTunes Live from SoHo (2008), sólo para distribución digital
Beautiful Eyes (2008)

PEOPLE'S

ON STAGE

SOBRE EL ESCENARIO

SERÍA EXTREMADAMENTE SIMPLISTA UTILIZAR LA PALABRA «CONCIERTO» PARA DESCRIBIR LAS ACTUACIONES EN VIVO DE TAYLOR SWIFT, PORQUE SON AUTÉNTICOS ESPECTÁCULOS CON CAMBIOS DE ESCENARIO, BAILARINES, EFECTOS ESPECIALES Y FUEGOS ARTIFICIALES, QUE VAN MUCHO MÁS ALLÁ DE LA MÚSICA Y HACEN DE CADA ACTUACIÓN UNA EXPERIENCIA INMERSIVA E INOLVIDABLE.

Desde la gira Speak Now World Tour, en la que la cantante sorprendió a sus fanes tocando una gran variedad de instrumentos, al 1989 World Tour, donde el escenario parecía sacado de un sueño pop futurista, Taylor siempre ha querido ofrecer espectáculos inolvidables para sus *swifties*.
El Reputation Stadium Tour rompió todos los récords con su uso innovador de la tecnología, usando pantallas gigantes y efectos pirotécnicos para crear una electrizante atmósfera que dejó huella, y The Eras Tour hasta se ha convertido en una película de 2 horas y 45 minutos.

SOBRE EL ESCENARIO

Taylor Swift: The Eras Tour, dirigida por Sam Wrench. La película del concierto reproduce los espectáculos que Taylor Swift ofreció del 3 al 9 de agosto de 2023 en el SoFi Stadium de Inglewood, Los Ángeles, y pretende que los espectadores experimenten la emoción de estar en el escenario con Taylor Swift y su equipo. La lista de canciones del espectáculo incluye 40 canciones de 9 álbumes repartidas en 10 actos, con diferentes esquemas de color y escenografía, y 16 cambios de vestuario para cada acto. Ni que decir tiene que, también en este caso, ha sido la película sobre un concierto más taquillera de la historia (más de 260 millones de dólares en la taquilla mundial) y el largometraje musical más visto en Disney+. Estrenada originalmente en cines el 13 de octubre, posteriormente se distribuyó vía *streaming*, pero sólo en algunos países, el 13 de diciembre, día del cumpleaños de Taylor. Como Taylor siempre se muestra muy cercana y conectada con sus fanes, no dudó en acudir al estreno de *Taylor Swift: The Eras Tour*, y fue a todos los cines de The Grove, el complejo de ocio que proyectaba la película para presentarla al público. En realidad, a la artista nacida en Pensilvania ya se le había dedicado una película: en 2020, *Miss Americana,* un documental estrenado en Netflix, rindió homenaje al «fenómeno Swift» retratando la elevación de la joven cantautora al estatus de icono pop universalmente amado.

TOUR, AUSTRALIA

Fearless Tour

ÁLBUM: *Fearless*

INICIO: • Evansville
23 de abril de 2009

FIN: • Cavendish
10 de julio de 2010

ETAPAS: 4

ESPECTÁCULOS: 118

Speak Now World Tour

ÁLBUM: *Speak Now*

INICIO: • Singapur
9 de febrero de 2011

FIN: • Auckland
18 de marzo de 2012

ETAPAS: 4

ESPECTÁCULOS: 111

The Red Tour

ÁLBUM: *Red*

INICIO: • Omaha
13 de marzo de 2014

FIN: • Singapur
12 de junio de 2014

ETAPAS: 4

ESPECTÁCULOS: 86

“La música es mi luz brillante, es lo que más me gusta del mundo”.

The 1989 World Tour

ÁLBUM: *1989*

INICIO: • Tokio
5 de mayo de 2015

FIN: • Melbourne
12 de diciembre de 2015

ETAPAS: 7

ESPECTÁCULOS: 85

"Siento que en mi música puedo ser rebelde. Puedo decir cosas que no me atrevería a decir en la vida real".

Taylor Swift's Reputation Stadium Tour

ÁLBUM: *Reputation*

INICIO: • Glendale
8 de mayo de 2018

FIN: • Tokio
21 de noviembre de 2018

ESPECTÁCULOS: 53

ASISTENCIA TOTAL: 2 515 379

The Eras Tour

ÁLBUM: Toda su discografía

INICIO: • Glendale
17 de marzo de 2023

FIN: • Vancouver
8 de diciembre de 2024

ETAPAS: 5

ESPECTÁCULOS: 152

“Las canciones para mí son como un mensaje en una botella. Las envías al mundo, y quizás, la persona por la que sientes eso, algún día las escuche”.

"Cuando cantas, puedes escuchar el eco de la gente en el público cantando cada palabra contigo, ése era el gran sueño que siempre había tenido. ¡Y ahora se está haciendo realidad!".

AT THE

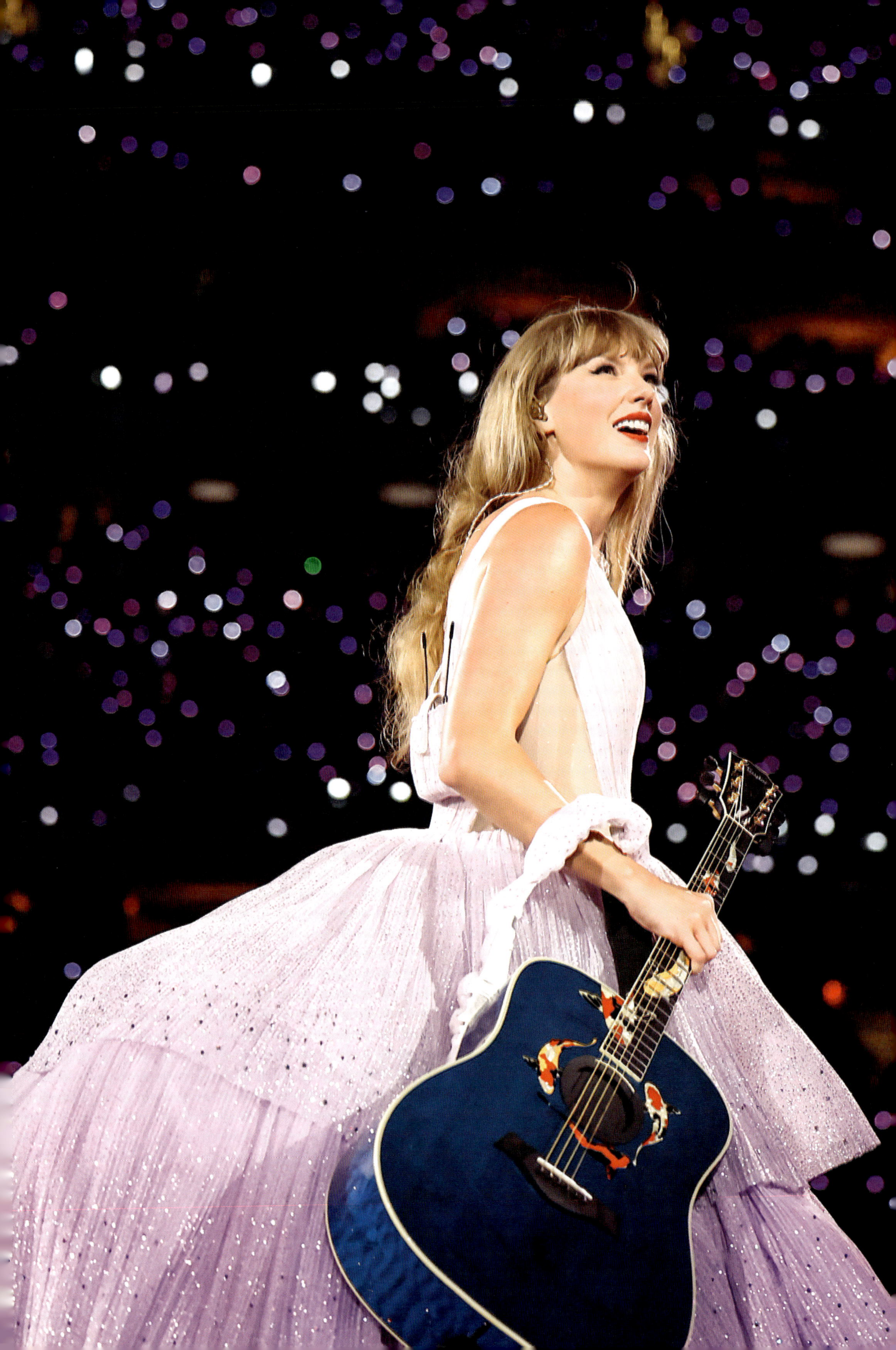

“Nunca he pensado que escribir canciones podría ser un arma. Sólo había pensado que sería una manera de ayudarme a superar el amor, la pérdida, la tristeza, la soledad y el hacerme mayor”.

"Puedes sacar inspiración de todo..., puedes crear historias y escenarios a partir de todo".

RED CARPET

ALFOMBRA ROJA

TAYLOR SWIFT NO ES SÓLO UNA CELEBRIDAD DEL MUNDO DE LA MÚSICA, SINO TAMBIÉN UN ICONO DE LA MODA Y EL ESTILO, CON EL PODER DE DICTAR LAS TENDENCIAS DE CADA TEMPORADA.

Aclamada como icono de la moda estadounidense por *Vogue* ya en 2011, en 2014 fue nombrada por *People* como la celebridad mejor vestida y Mujer del Año en los Elle Style Awards. Quienes la recuerdan en los inicios de su carrera no pueden evitar recordar a una niña con botas vaqueras, vestidos de estampados florales y pelo natural y rizado; pero con la evolución de su música y la transición al pop, su estilo se ha vuelto más glamuroso y refinado. Taylor ha pasado así de una imagen *country* a otra decididamente más sofisticada y versátil, reflejo de las distintas fases de su vida, pero siempre consiguiendo ser fácilmente reconocible, con *looks* que pueden conectar con todo el mundo, al igual que sus letras.

ALFOMBRA ROJA

Su estilo sobre el escenario, de hecho, es difícil de definir y encasillar en un código estilístico preciso, redefiniéndose con cada nuevo álbum y a veces incluso anticipando, a través de detalles y accesorios en sus *looks,* los títulos de las nuevas canciones. Es lo que ocurrió con *The Tortured Poets Department:* en los meses que precedieron al lanzamiento del álbum, los periodistas y fanes más atentos pudieron detectar en sus atuendos algunas referencias explícitas a las nuevas canciones, desde la pinza para el pelo Aimee claw de Anthropologie o el bolso Cassandre de Yves Saint Laurent. La prensa estadounidense los llamó «Huevos de Pascua», pistas dejadas expresamente para el público con el fin de anunciar el lanzamiento de su nuevo trabajo, una técnica ya utilizada por Taylor para dar algunas pistas sobre su vida privada mediante la exhibición de joyas-manifiesto personalizadas.

AWARDS

No hay más que pensar en el llamativo colgante con pavé de pequeños diamantes que representa el número 87, un homenaje al número que luce su novio, el jugador de fútbol americano Travis Kelce, con el que la estrella del pop se presentó en el partido de la Super Bowl 2024 en el estadio Allegiant de Paradise, cerca de Las Vegas.

Esto demuestra una autoafirmación que, en distintas formas, alcanza sus momentos más explícitos cuando se pasea por las alfombras rojas de los lugares más glamurosos de Estados Unidos. Aquí Taylor fascina por su capacidad para vestir prendas clásicas y vanguardistas a la vez, que van desde diseñadores de moda románticos y sofisticados como Zuhair Murad, Reem Acra o Elie Saab hasta las creaciones modernas y sostenibles de Stella McCartney, sin desdeñar la audacia atemporal de Versace. Tanto si opta por un vestido largo que flota elegantemente alrededor de sus largas piernas como si elige uno corto para resaltarlas en una mezcla de descaro y despreocupación, cada una de sus elecciones está diseñada para asombrar y encantar. Su estilo bajo los focos se convierte en una fusión de romanticismo y modernidad: puede lucir vestidos de líneas limpias y minimalistas, así como diseños intrincados y detalles lujosos, a menudo añadiendo un toque de feminidad con delicados encajes y volantes, que en última instancia recuerdan a esa América con alma de campo donde empezó su aventura musical.

ALFOMBRA ROJA

FOX
1·DAY ACUVUE
MOIST
BRAND CONTACT LENSES
TEEN CHOICE 2011

"Recuerdo que me alisaba el pelo porque quería ser como todo el mundo, ¿y ahora hay gente que emula lo que hago? ¡Tiene gracia!".

"Nunca fui un imán para los chicos en la escuela. Siempre había una chica que gustaba a todos los chicos y con la que todos querían salir, pero ésa nunca era yo".

STREET STYLE

ESTILO INFORMAL

¿Qué significa ser Taylor Swift en la vida cotidiana?

En una entrevista hace unos años, la estrella del pop estadounidense admitió que su vida era bastante extraña y decididamente diferente de la gente «normal»: constantemente en el punto de mira, bajo la presión de los medios de comunicación, perpetuamente perseguida por los fanes, juzgada en cada declaración y aparición en público. Sin embargo, todo esto no parece molestarla ni alterarla demasiado, ya que admite con franqueza que es capaz de vivir con esta vida de éxito y, de hecho, que ha aprendido, no sin dificultad, a disfrutar de lo que con tanto esfuerzo ha conseguido.

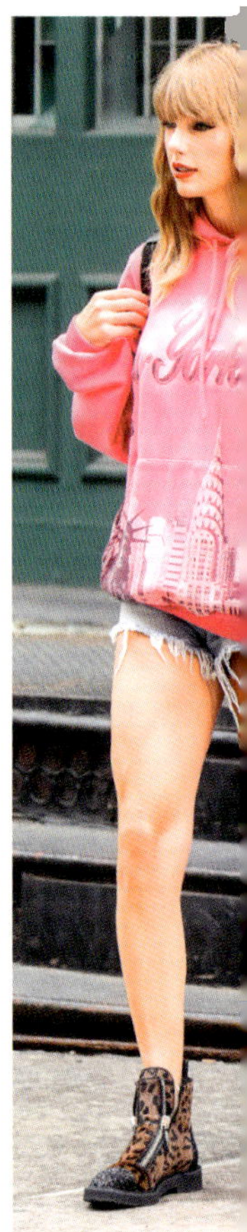

Pero si sobre el escenario su estilo sigue siendo el de la opulencia chispeante, hecho de botas brillantes, flecos, lentejuelas y pedrería, y vestidos largos y ondeantes que recuerdan su debut folk, en su existencia cotidiana no desdeña los trajes elegantes, las grandes gafas de Sol, las barras de labios rojas y los vestidos largos de alfombra roja, que alterna con atuendos más informales al estilo «chica de al lado», con faldas cortas plisadas y chaquetas de punto universitarias, vestidos cortos y botines –un estilo más atrevido y contemporáneo en línea con su giro hacia la música *synth* pop–, New Balance y sudaderas *vintage* extragrandes...

ESTILO INFORMAL

ENGLISH APPLES
CHESTNUTS
WINE
SEASHELLS
ORANGES
HARDY & Co.

Pasa con despreocupación por las fases de chica mala, con envolventes monos de cuero negro, a las fases más íntimas y meditabundas de aire bohemio, con cárdigan de cortes suaves y envolventes, faldas largas y bucólicas enaguas de tejidos ligeros. Cuando sale a la calle, el icono de estilo que mueve el PIB estadounidense y el corazón de millones de jovencitas no muestra en realidad un estilo propio, pero sin embargo consigue marcar tendencia, confirmando una vez más que todo lo que se pone se hace viral y se agota en unos instantes. «La belleza empieza en el momento en que decides ser tú misma»; «Quería encontrar la felicidad sin que nadie me ayudara», repite como un mantra desde su ático extragrande de Manhattan, una de sus muchas propiedades repartidas por Nashville, Rhode Island y Beverly Hills –con un valor total de más de 80 millones de dólares–, donde le encanta pasar su tiempo libre cuando no está de gira.

“Me encanta la ropa y creo que un día voy a diseñarla. Solamente quiero asegurarme de que el momento es el indicado y de que puedo hacerlo bien”.

"Desde el principio, decidí que si tenía la suerte de tener éxito en la música, seguiría siendo la misma persona y la cantautora que era en los inicios".

LA AUTORA

Francesca Pavesi nació y creció en Milán. Licenciada en Literatura Moderna, Francesca es autora y periodista desde 2003. Conciliando a la perfección la vida privada y el trabajo, pasa los días con el ordenador y la grabadora siempre encendidos, escribiendo y entrevistando a personalidades para varios periódicos y revistas nacionales. Le gustaría hacer mil cosas, pero el día sólo tiene 24 horas. Confía en que, tarde o temprano, podrá hacerlas todas.

CRÉDITOS FOTOGRÁFICOS

Página 1: Jeff Kravitz/TAS23/Getty Images; **página 3:** Kevin Mazur/TAS23/Getty Images; **páginas 4-5:** NBC-TV/Álbum/Alamy Foto Stock; **página 6:** Rick Day/Contour/Getty Images; **página 11:** Buda Mendes/TAS23/Getty Images; **página 13:** Buda Mendes/TAS23/Getty Images; **página 15:** Brian Friedman/Shutterstock; **páginas 16-17:** Catrina Haze/Shutterstock; **página 17:** Taylor Hill/TAS23/Getty Images; **páginas 18-19:** Sayre Berman/Alamy Foto Stock; **página 19 izquierda:** Sayre Berman/Alamy Foto Stock; **página 19 centro:** Sayre Berman/Alamy Foto Stock; **página 19 derecha**: Jason Kempin/Getty Images; **página 20:** Kevin Mazur/WireImage/Getty Images; **página 21 arriba:** Sayre Berman/Alamy Foto Stock; **página 21 izquierda:** Kevin Mazur/WireImage/Getty Images; **página 21 derecha:** Rodolfo Sassano/Alamy Foto Stock; **página 22 izquierda:** Sam Hussein/TAS/Getty Images; **página 22 centro:** Larry Busacca/TAS/Getty Images; **página 22 derecha:** Kevin Mazur/TAS/Getty Images; **páginas 22-23:** Nicky Loh/TAS/Getty Images; **páginas 24-25:** Chrisarribaher Polk/TAS/Getty Images; **página 25 arriba:** Larry Busacca/TAS/Getty Images; **página 25 centro:** Dave Hogan/TAS/Getty Images; **página 25 abajo:** Chrisarribaher Polk/TAS/Getty Images; **páginas 26-27:** Chrisarribaher Polk/Getty Images; **página 27 izquierda:** Chrisarribaher Polk/TAS/Getty Images; **página 27 centro:** John Shearer/LP5/Getty Images; **página 27 derecha**: Chrisarribaher Polk/TAS/Getty Images; **página 28:** John Shearer/LP5/Getty Images; **página 29 arriba:** Chrisarribaher Polk/TAS/Getty Images; **página 29 centro:** John Shearer/LP5/Getty Images; **página 29 abajo:** Chrisarribaher Polk/TAS/Getty Images; **página 30:** Alexander Tamargo/TAS18/Getty Images; **páginas 30-31:** WENN Derechas Ltd/Alamy Foto Stock; **página 31:** Gareth Cattermole/TAS18/Getty Images; **página 32:** John Shearer/TAS23/Getty Images; **página 33 arriba:** Kevin Winter/Getty Images; **página 33 izquierda:** Emma McIntyre/TAS23/Getty Images; **página 33 derecha:** Lisa Lake/TAS23/Getty Images; **página 34:** Mat Hayward/TAS23/Getty Images; **página 35:** Kevin Winter/TAS23/Getty Images; **páginas 36-37:** Hector Vivas/TAS23/Getty Images; **página 37 arriba:** Ethan Miller/TAS23/Getty Images; **página 37 abajo:** TAS2023/Getty Images; **página 38:** Emma McIntyre/TAS23/Getty Images; **página 39 arriba:** Bob Levey/TAS23/Getty Images; **página 39 centro:** John Shearer/TAS23/Getty Images; **página 39 abajo:** Kevin Winter/TAS23/Getty Images; **páginas 40-41:** Jeff Kravitz/TAS23/Getty Images; **página 41:** Buda Mendes/TAS23/Getty Images; **páginas 42-43:** Taylor Hill/TAS23/Getty Images; **página 45:** John Shearer/Getty Images; **página 46 izquierda:** Joe Seer/Shutterstock; **página 46 centro:** DFree/Shutterstock; **página 46 derecha:** Joe Seer/Shutterstock; **páginas 46-47:** Samir Hussein/WireImage/Getty Images; **página 47 arriba:** Jaguar PS/Shutterstock; **página 47 abajo:** John Shearer/Getty Images; **página 48 izquierda:** DFree/Shutterstock; **página 48 centro:** Stephen Lovekin/FilmMagic/Getty Images; **página 48 derecha**: Tinseltown/Shutterstock; **páginas 48-49:** Theo Wargo/WireImage/Getty Images; **página 50 izquierda:** Sydney Alford/Alamy Foto Stock; **página 50 arriba:** Timothy A. Clary/AFP/Getty Images; **página 50 centro:** Featureflash Photo Agency/Shutterstock; **página 50 abajo:** Tinseltown/Shutterstock; **página 51:** Joe Seer/Shutterstock; **página 52:** Image Press Agency/Alamy Foto Stock; **página 53:** MediaPunch Inc/Alamy Foto Stock; **páginas 54-55:** Andrew H. Walker/Getty Images; **página 57:** CelebrityArchaeology.com/Alamy Foto Stock; **página 58 izquierda:** Gotham/GC Images/Getty Images; **página 58 centro:** Robert Scott Button/Shutterstock; **página 58 derecha:** MEGA/GC Images/Getty Images; **páginas 58-59:** Liam Goodner/Shutterstock; **página 59 arriba:** Raymond Hall/GC Images/Getty Images; **página 59 abajo:** WENN Derechas Ltd/Alamy Foto Stock; **página 60:** Headlinephoto Limited/Alamy Foto Stock; **página 61 arriba:** Ignat/Bauer-Griffin/GC Imagesr/Getty Images; **página 61 izquierda:** James Devaney/GC Images/Getty Images; **página 61 derecha:** Ignat/Bauer-Griffin/GC Imagesr/Getty Images; **página 62:** MEGA/GC Images/Getty Images; **página 63 izquierda:** Raymond Hall/GC Images/Getty Images; **página 63 centro:** GVK/Bauer-Griffin/GC Images/Getty Images; **página 63 derecha:** NCP/Star Max/GC Images/Getty Images.
• **Cubierta:** Taylor Hill/TAS23/Getty Images • **Póster:** Sipa USA/Alamy Foto Stock

Título original: *Taylor Swift. A book for swifties*
1.ª edición: *noviembre de 2024*
2.ª edición: *enero de 2025*

Traducción: *Júlia Gumà / Juli Peradejordi*
Maquetación: *El Taller del Llibre, S. L.*

ISBN: 978-84-1172-199-8
DL B 12473-2024

Printed in Romania